가장 아름다운

신태수 시집

심지시선 052

가장 아름다운

신태수 시집

시인의 말

사랑하는

자녀들이 살아갈

가장 아름다운 미래를

이 땅에 평화를

두 손과 눈물로

2025년 2월

차례

시인의 말 05

제1부 빵

놀라운 주의 섭리 13
주를 앙망하는 자는 14
시학개론 15
빵 16
문학비평 18
의를 위하여 19
音樂 20
눈물 22
고로쇠 23
희희낙락 24
설렘 26
신앙의 협착증 27
디스크 파열 28
묘약妙藥 29
하늘 사다리 30
생육하고 번성하라 31

돌베개 32
작은 자의 하나님 34
앙망仰望 36
앙모仰慕 37
세월호 38
이순耳順 40

제2부 느릿느릿한 순례길

따뜻한 아이스 아메리카노 43
광장에서 44
시래기국 46
주구와 나팔수 47
불사르다 48
심판 50
추어醜魚 52
엘리야의 증언 54
무엇을 위하여 우는가 56
아우성 58

갑甲으로 흐르는 강　60
성도의 삶　63
흔들림　64
물들임　65
굶주림　66
신들림　67
멋들임　68
속삭임　69
ㅡㅁ/음　70
즐거움　71
느릿느릿한 순례巡禮길　72
쉼　73

제3부　인간의 시간

수줍음　77
일어서는 봄에게　78
가보家寶　80
딸 바보　84

불씨　88
요리하는 즐거움　90
꿈꾸는 나무들　92
건반 위의 꽃게　94
행복을 파는 가게　96
fresh　97
가장 아름다운　98
약한 자의 슬픔　99
상한 갈대　100
이제 내가 사는 것은　102
유한　104
부름 받아 나선 이 몸　105
인간의 시간　106
부활　109
해 지는 겨울 들판에 서서　110
그날에　111

해설 일상 속의 성화聖化 | 조해옥　113

〈일러두기〉

*본문에서)는 '단락 공백 표시'로 한 연이 새로 시작된다는 표시이다.

제1부

빵

놀라운 주의 섭리

해는 뜨고 지고

달은 차고 기울어

	立 입	刻	(입각)	곧바로
追	春 춘		(추춘)	봄을 좇아
	大 대	地	(대지)	대지는
趣	吉 길		(촉길)	상서로움 재촉하네

주를 앙망하는 자는*

푸른 봄이 다 청춘이랴

곤명昆明은 사계 모두 봄빛이건만
에덴동산 별건곤이 아니다
아담 하와
그들의 청춘은 언제였을까

남男의 상대어는 여女
노老의 반의어는 소少
청춘青春의 반대말은
속물俗物이니

청춘이 어찌 푸른 봄뿐이랴

> *이사야 40:30-31. 소년이라도 피곤하며 곤비하며 장정이라도 넘어지며 쓰러지되/ 오직 여호와를 앙망하는 자는 새 힘을 얻으리니 독수리가 날개치며 올라감 같을 것이요 달음박질하여도 곤비하지 아니하겠고 걸어가도 피곤하지 아니하리로다

시학개론

티티새, 개고마리 둥지에 알을 낳는
뻐꾸기 탁란
암탉은 둥지에 들어앉아
알을 품는다
발등에 올려놓고 영하 50도 혹한 견디며
서서 알을 품는 황제펭귄 수컷
어떤 펭귄은
남의 알을 가져다가 품는다
시는 알이다

빵

몇 해 만에 잠시 귀국한 선교사 가족
서울서 남도 먼 길 가다 굳이
고아원 아이들 위해 대전을 들러 찾은 곳
성심당
언제부턴가 온 국민에게
성심당이 대전이 되었지만
사실 성심당은 빵집이 아니다

내가 먹으면 그저 빵
그러나
굶주린 이에게 내어줄 때 그건
이미 빵이 아니다

빵 한 조각으로 장 발장은
레 미제라블이 되고
내 손에 든 빵은
가난한 이에게 향하여

신께 드리는 거룩한 성례

거룩한 정성

聖心

성심당은 빵집이 아니다

그들이 들고 가는 건

빵이 아니다

문학비평

물 만난 물고기 뛰듯
생동하는 텍스트
손에 든 쉐프
요리하는 즐거움
그 요리가 전염시키는 행복

의를 위하여

버린 자
버림받은 자

남겨진 자
남은 자*

소망,
그들이

오직

*열왕기상 19:18. 그러나 내가 이스라엘 가운데에 칠천 명을 남기리니 다 바알에게 무릎을 꿇지 아니하고 다 바알에게 입맞추지 아니한 자니라

音樂

소리(音)에

높고(高)

낮고(底)

길고(長)

짧고(短)

느리고(緩)

빠름(急)

늦추어 풀려 느즈러지고(弛)

당기어 켕기고(張)

율律과 여呂가 어우러져

헤아릴 수 없는 미묘[玄妙]에 이르니

희노애구애오喜怒哀懼愛惡

하고자 할 욕欲을

메기고 받으며

한가락

두가락 세가락,

빗가락

선율, 시김새에 맞추어
목을 뽑자
어느 사이 눈이 감기고
어깨가 들썩

물아상망物我相忘에
천지가 하나의
소리
되는 순간

신神이 내려
하나 되는
신들림

눈물

지구는
눈물의
바다
눈물 속에서 잉태되고 자라나 나는
눈물보 터뜨려 숨 쉬고
눈물을 흘리며
눈물을 흘리게 하고
눈물을 삼키며
눈물을 마르게 하나니
다 마르지 않은 눈물은
인자한 손에 씻겨지리라

고로쇠

가시관을 둘렀다
창으로 옆구리를 찔렀다
가시 끝으로
창자루 끝으로
흐르는 성혈
치유의 성수
한 방울 남김없이
쏟아 주었다
무도히도 찌른
나를 위해

희희낙락

喜悲 기쁨과 슬픔
喜 기쁨
어떤 만족감에 의해 느끼는 즐겁고 흥겨운 느낌
悲 슬픔 — 기쁨의 반대
욕구의 억압에 따른 괴롭고 답답한 감정

苦樂 괴로움과 즐거움
樂 즐거움
마음에 들어 흐뭇한 느낌이나 마음
苦 괴로움 — 즐거움의 반대
몸이나 마음이 견디기 어려울 만큼 불편하거나
고통스러운 상태 또는 그런 느낌

喜樂 기쁨과 즐거움

기뻐하고 즐거워하라
의를 위하여 박해를 받은 자는(마5:10-12)

〉
喜喜樂樂 계속 매우 기뻐하고 즐거워함

설렘

冬天 녹은 물에
피어나는 빛의 새싹
비 개인 들판 높이 나는 새들의 노래
사랑하는 자야
함께 가자
속삭이듯
겨울잠 덜 깬
나를
흔들어 깨우는 듯

신앙의 협착증

大
사람은
하늘을 이고서야 비로소
직립인

天
하늘을 우러르는[仰] 자 비로소
신앙信仰
인人

感謝
직립하는 신앙의
척추

디스크 파열

고통

불편

불평
원망
돌출된 감정
각진 마음
모난 눈
모난 입
날카로운 혀

파열된 신앙

묘약妙藥

기억상실증으로
상실한,
선물에만 눈멀어
가려진,
결핍증으로
망각한,
욕구과잉으로
간과한,
구도자의
일용할 선식仙食,
단丹,
오직
감사感謝

하늘 사다리

에베레스트
로프와 아이젠
극한의 등반
소용없으리

천사 날개
낙타 무릎
아니리

오직 찬송의
흰옷을 입고
두 손 들어 고개 들면
주님 뜻 따라
열어주시는
빛기둥
하늘 문

생육하고 번성하라

존망,
생존 극한에서 자기 이분
유무성 번식하는
아메바

아들과 딸은
나의 분신
아메바

유연하여 강인한
아메바
신앙

돌베개

종일 어지럼증에 지쳐
근심을 눌러 베고 눕는다
허나 돌아누울 때마다
시름을 복원시키는
메모리폼 베개

한 켠에 꾹 눌러 놓았던
염려가
되살아나 다시금
도리깨질을 쳐 잠을 쫓는다

강력한 복원력의 메모리폼
베개는 공학 계산기
하나 둘 셋 넷
수학 연산이 시작되고
고차방정식이 돌아간다
〉

무한 재부팅되는 근심
메모리폼 베개는
버그가 쌓여
쳇바퀴만 뱅글뱅글

과열된 헤드
충혈된 눈
속이 매스껍다

아무래도 바꿔야겠다
벧엘 광야의
돌베개로

작은 자의 하나님

장자의 축복 탐낸
에서 동생
이삭 차자 야곱

열한째 아들의 만류에도
두 손자 머리에 손을
어긋맞겨 얹어
야훼의 축복 기원한다

나도 안다
오른손은 장자의 몫
그래 나도 안다 아들아
나도 내 아버지의
장자로 축복받은 차자였느니

늙은 야곱은
눈먼 이삭이 되어

소년 야곱을
축복하였느니

앙망仰望

의에
주리고 목마른 자
주리고 목마른 자
아니리

떡고물*
아니리

*요한복음 6장. 보리떡 다섯 개로 먹고 남은 조각이 열두 바구니에 찼더라(13절) 너희가 나를 찾는 것은 표적을 본 까닭이 아니요 떡을 먹고 배부른 까닭이로다(26절) 예수께서 열두 제자에게 이르시되 너희도 가려느냐/ 시몬 베드로가 대답하되 주여 영생의 말씀이 주께 있사오니 우리가 누구에게로 가오리이까(67-68절)

앙모仰慕

이미(already)
그럼에도
아직 아닌(not yet)
그날

그날의
그

세월호

기쁨 충만한 노래였는데
부를수록
벅차오르는 기대로 설레었는데
세상천지
단 하나
손바닥에 새긴 이름*

목놓아 부르게 되다니
목메어 가슴에 맺힌
피눈물이 되다니
피지 못한 꿈 송이째
사해에 던져지다니
숨막히는 검은 바닷속에서 젖은 땅에서
용오름으로 엘리 엘리
하늘 향해 절규하는
아벨의 피가 되다니

*이사야 49:15-16. 여인이 어찌 그 젖 먹는 자식을 잊겠으며 자기 태에서 난 아들을 긍휼히 여기지 않겠느냐 그들은 혹시 잊을지라도 나는 너를 잊지 아니할 것이라/ 내가 너를 내 손바닥에 새겼고

이순耳順

눈이 흐릴 뿐
귀 흐리지 않았으리

종천소욕從天所欲
하늘 뜻 따라
마음껏 축복하고픈
남김없이 마지막 주고 가고픈
노쇠한 아비의 마음
귀를 순히 하여
들어주려 했을 뿐

늙어 눈 먼
이삭은

제2부
느릿느릿한 순례길

따뜻한 아이스 아메리카노

국회 : 김건희특검법, 채해병특검법이
　　　가결되었음을 선포합땅니다땅땅
거니 : 저 감옥에 가나요? 어떡하죠?
법싸 : 개 엄하게 하시오
윤꼴통 : 반국가 종간나 세력을 일거에 척결하기 위하
　　　여 계엄을 선포 합니

"딱"
부딪치며 어긋난 엄지와 장지
타노스의 인피니티 건틀렛

되살아난 5.17
1987 망령

끼리에
끼리에 엘레이손

광장에서*

폭설 속 광장에서 '다시 만난 세계'**
사악한 용이 개 엄하게 엄동설한 토해내고
광화문 개떼들도 토한 것 핥으며 어리둥절 따라 짖고
반란의 힘 굳게 믿는 반란공범 국개들은
돼지들 불러 몰아 용산산성 제물 바쳐
사악한 용 장수 축원

엄동설한 민초 광장 폭격하는 폭설 독설
투전판 수구꼴통 극우劇優들의 난장 설사
된장에 똥을 섞어 쑥떡 개떡 궁합 찰떡
윤가네 술통 꼴통 천인공노할 거니
장님 무사 앉은뱅이 주술사
점을 쳐야 아는 거니
난리굿을 하는 거니
윤무당 선무당이 경천동지 칼춤난무

개 엄하게 토해놓은 사악한 용 총칼 폭압

동지섣달 긴 겨울밤 설한엄동 폭설 속에
광장 밝힌 불망치로 다시 만나야 할 세계
'소원을 말해 봐'***
광장에서

*내란수괴 윤가놈의 2차 체포 시도를 앞두고
**소녀시대, 〈다시 만난 세계〉
***소녀시대, 〈소원을 말해 봐〉

시래기국

형상기억 투표용지로
바이든 날리면 쥴리
표절 Yuji 개·엄하게
계몽령이니
의원이 아니라 요원

개콘보다 웃픈 무당정치
시국이 시래기국
광화문 멍멍
여의도 꿀꿀
주여 삼창
날 샌 민국
쿠오바디스

주구와 나팔수

政 | 時 시 | 變 | (시변)
| 局 국 | | (정국)
| 宣 선 | 傳 | (선전)
妖 | 言 언 | | (요언)

을사년乙巳年
정초正初
화인火印 맞은
양심

부끄러운 십자가

불사르다

*이정한 작가의 키세스 시위대 그림과 실물 사진
**장재희 작가의 키세스 시위대 그림과 실물 사진

戒	嚴 엄		(계엄)
發	冬 동		(발동)
	雪 설	夜	(설야)
	寒 한	酷	(한혹)

불사르는 세상의 빛

심판

Stop here

이제 그만

The buck stops here

책임 전가는 하지 않는다

The buck

책임은

The buck stops here

모든 책임은 바로 여기,

'너'가 진다

The buck

책임은

buck buck

buck buck*

닭이 울었다

피를 토하고 세 번,

비틀려진 목으로

선무당집 안뜰 닭장에서

홰를 치며

새벽을 깨웠다

 *(암닭의 울음소리) 꼬꼬댁

추어 醜魚*

막장 법꾸라지 끝판왕
불공정 몰상식
눈 떠보니 후진국
아이들 탄핵망치 아우성에 부끄러운 대한민국

을사오적 친일역적 반민족 매국놈들
민중고혈 민족정기 갉아먹고 개판치며
고복축재 원통절통 긴긴 세월
반민특위 때려잡은 승만이와 떨거지들
방방곡곡 요소요소 쇠말뚝 지맥 끊듯 박아놓은
친일파 토착왜구 자발적 식민의 뉴라이트
사법농단 주구검찰 떼기레기 호위무사 용산산성 검찰공화국
천공·건진 태균·명신 거니가 준 법여의주
사악한 용 윤돼지의 초법주술 천왕놀이

총알 먹은 독재 박통 영웅으로 다시 불러

국정농단 그놈 딸년 사면복권 대접하고
나라 곳간 들어먹은 쥐명박도 싸면 복福권
반란수괴 전대갈의 조롱조롱 조롱박이
주렁주렁 열매 극성 온 나라가 만신창이
범죄에 용기를 준 어설픈 화합 허울
실패한 역사청소 쓰디쓴 후과 참담

혐오와 분노조장 갈라갈라 갈라치기로
남발한 거부권 임명권 통치권
난장 친 삼년에 십이월 삼일에 왕왕왕王王王
개 어미와 개 엄하게 지랄발광
개지랄을 하였습니다**

그러고도 끝끝내 찌질한 놈
법꾸라지 끝판왕의 추잡한 막장
하늘 끝 구름 너머 다가오는 뿔나팔 소리

　　*체포된 윤석열의 추태를 보고
　　**김용태 신부의 2024년 12월 9일 대흥동성당 시국미사
　　　강론 일부. "사악한 용이 … 지랄발광을 하였습니다."

엘리야의 증언

아합과 이세벨의 죄악으로
기근 삼년 반
앉은뱅이 주술사 이세벨
장님 무사 아합의 칼부림으로
다시 이년 반
검은 법복 입은 바알과 아세라의 사제들
용비어천가에 맞춰 추어대는 검무
불을 비는 기우제
광기는
피를 부르고
광신도는
최면에 걸려 열광한다
불을 비는 기우제
광기는 피를 부르고
부르짖다 제단마저 부수고
휘발 기름 뿌려대어 불을 붙인다
들불처럼 번진

이세벨의 주술
아합의 칼부림
불을 비는 기우제
내리지 않는 불을 원망하며
신에 저항하는 폭도들의 내란

비는 언제
오시려는가

무엇을 위하여 우는가

닭은 왜,
새벽마다 홰를 치며 울어대나
모태로부터 갓 태어나 이 세상
첫 숨을 쉬면서 아기는 왜, 우는가

그림자 보고 짖는 개를 따라 짖는
개이기를 거부한 이탁오
말세로 치닫는 시대를 슬퍼하여
통곡헌을 지은 허친
세상의 불의에 무관심한 듯한
신은 도대체 어디 계시냐고 울부짖은 하박국
엘리엘리 라마 사박타니
절규하신 예수님
굶주림과 상실,
의로움과 두려움,
슬픔과 절망으로
몸부림으로

우는 이들과 함께

우는 모든 이들

불평즉명 不平則鳴

고르지 않으면 우나니

시인은

소리를 잘 내어 우는 선명자 善鳴者

바람이 대지에 불어

산천과 초목이 소리내어 우는

그 울음은 무엇을 위함인가

성령의 바람 쉼 없이

내게 불어 내 영혼

웅웅웅

소리가 나려는데

아우성

由 유	聲	(유성)
甲 갑	川	(갑천)
의		
아우 | 城 성 | |

갑甲으로 흐르는 강

하나에서 유래由來하여
세 갈래 천川으로 갈라진 강천江川
갈라서는 여울목에
삼족오 겨레 가마우지
수면 위로 솟은 돌부리 위에 우뚝 서서
청동거울을 응시한다

거울 속에 빗살 같은 화살 빗겨 흐르고
검극이 춤추듯 일렁이자
피의 함성이 소용돌이친다
긴 강중사구를 가득 점령한 메마른 갈대 군사들
한겨울 모진 삭풍 칼바람에 쓰러지자
가마우지 고개 저어 정신을 가다듬고
청동거울 앞에 곧추선다

저기 저 세 갈래 갈림길부터
갈라진 물길에 갈팡거리다

갈대지팡이 의지하여 절뚝거리며 건너온 길
물길은 하나에서 유래由來하여
흔[大] 밭[田]으로 흐트러져 흐르다
여기에 이르렀다

상한 갈대지팡이
唐宋元明淸日露美
그 썩은 갈대지팡이 부러져*
의지하던 손, 옆구리 찢기고 뚫어진 날
얼마인가

삼족오 겨레 가마우지 앞에서
강물에 떠밀려 역사는 소용돌이치고
시간에 떠밀려 물결은 은빛으로
일렁이며 점진한다

오롯이

단 하나에서 유래由來하여

세 갈래 천川, 밭 전田으로 흐트러져 휘청이던

물결은 저 아래 목

합류지에서 기어이,

다시,

갑천甲川이 되어 흐른다

*에스겔 29:6-7. 애굽은 본래 이스라엘 족속에게 갈대 지팡이라/ 그들이 너를 손으로 잡은즉 네가 부러져서 그들의 모든 어깨를 찢었고 그들이 너를 의지한즉 네가 부러져서 그들의 모든 허리가 흔들리게 하였느니라

성도의 삶

굶주림

멋들임

흔들림

신들림

물: 들임

흔들림

빛은 흔들림
소리는 흔들림
인생은 흔들리며
벧세메스로 가는
소달구지

물들임

시시각각 하늘에
산들에
형형색색 펼쳐지는
색조의 파노라마
투명
무색
빛의
물―들임

태초를 여신
그 빛을 닮은

굶주림

먹이 앞에 놓인
명견과 똥개의 갈림길

예수의 길에는 돌
사탄의 길엔 떡
돌을 돌로 남아있게 한 기적
주림은
구도자의 기적

의에 주리지도 목마르지도 않고
배부른 오늘
밀려오듯 솟아나는
부끄러움

신들림

신내림이 없은즉
신들림이 없나니
신들림은 조화를 낳고
조화는 인생을 낳으니
이는 곧
신께서 인간과 함께하신
임마누엘의 복음이라
그 복음은
'가난한 자에게
마음이 상한 자에게
포로 된 자에게 자유를
갇힌 자에게 놓임을 선포하는'*
빛의 소리,
신명이거늘

*이사야 61:1-2.

멋들임

멋들어진
옷맵시
몸짓
노랫가락

멋은 혼불
혼의 춤사위

멋들어지게 노래하고픈
내 안의 나
나는 어떤 멋이 들어 사는가

속삭임

부드러운
당신의 속삭임
나를 사랑하느냐
내 양을 먹이라고
나를 따라오라고
눈물을 흘리라고
씨를 뿌리라고
바람이 부니
사랑하는 자여
일어나
함께 가자고

-ㅁ/음

동사의
명사화 접미사는
명료함,
단호함의 생성문법
그리고
정물화의 변형생성문법

인생의 명사화
그날 아침
읽어주어야 할 나의 자서전

즐거움

그것은
모래 속 진주

물거품을 토하며
무수히 넘나드는 파도에
숨바꼭질하는
백사장의

느릿느릿한 순례巡禮길

길(道)을 구求하는 구도자求道者는 모두
순례자巡禮者
순례자가 되는 것은 길 위에 서는 것
길 위에서 사는 모든 이는
순례자
길을 떠났기에
순례자의 염원念願은
거룩
허나
순례자가 디딘 곳은
이 땅
하여
순례자가 걷는 길은
늘 기도일 뿐

황야 같이 메마른
이 땅을 물들이도록
이 땅이 거룩해지도록

쉼

쉼 없이 질주하는 무한궤도 위
설국열차
다음 봄 새날이 임하기까지
종착역은 보이지 않으리
고향집
어머니 품에 안기기까지는
편안한 안식 없나니
목청 좋게 노래 부르려면
쉼표를 찾아야 하리
마침표에 닿기 전
숨 가쁜 랩퍼
완창 소리꾼
천일야화 이야기꾼
노래하는 순례자에게
쉼표는
오아시스 그늘 속의
찬
샘물

제3부
인간의 시간

수줍음

산 깊은 골짜기
이슬 맺힌 수선화
열두 살 우리 딸
순백의 미소

고이고이 간직하고픈
내 안의
순결한 나리꽃

일어서는 봄에게

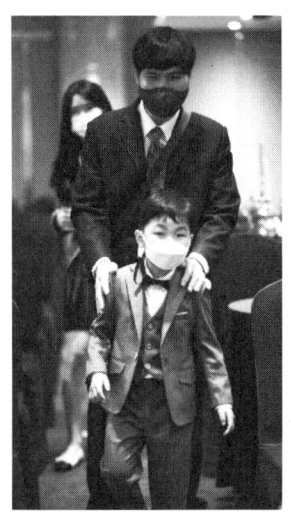

志	立 입		(지립)
青	春 춘		(청춘)
	大 대	望	(대망)
	吉 길	祥	(길상)

아들아,

야훼께서 얼굴을

항상 네게

비추시기를

가보 家寶

1.
콜라 탄산이 탁 탁
비가 내릴 때도 탁 탁
콜라를 따를 때 쏴아아
비가 내릴 때도 쏴아아

천진한 아들
종업식을 마치고 한달음에 달려와
칭찬을 받았다면 자랑스레 보여주는 시詩
엄지척에 와락 끌어안고 수없이 엉덩이 토닥이며
와, 이런 표현을 생각해내다니
연상력과 표현력 대단하구나
흥이 난 아들

2.
희민아 너는 착한 친구야
정직한 친구야

너는 좋은 녀석

도와줘서 고마웠어

먼저 다가와 놀아줘서 고마웠어

너랑 더 친해지고 싶어

등등

이구동성 예외없이 좋은 말과 칭찬 가득한

25명 반 친구들이 써 준 롤링 페이퍼

또박또박 읽어가며

한마디 한마디마다 감탄연발

역시 우리 아들 인성 짱, 최고!

연신 머리 쓰다듬고

엉덩이 더 세게 토닥토닥 토닥토닥

의기양양해진 우리 아들

3.

학습태도가 바르고

자신이 맡은 일은 조용히 책임감 있게 해내는 학생

자신의 생각을 잘 표현하고
친구들과 활발히 소통하며 밝게 생활
자리 정리, 아침 활동을 스스로 잘하고
규칙과 질서를 잘 지키는 등
기본생활 태도가 바른 학생
다양한 책을 읽고 그와 관련된 자신의
생각과 느낌을 잘 기록하는 모습이 돋보였다는
생활통지표 내밀며 초롱초롱
눈이 반짝이는 우리 아들

한 자 한 자 짚어가며
구구절절 터지는 감탄사
머리를 쓰담쓰담 쓰담쓰담
엉덩이도 먼지 나게 투두두두두
꼭 끌어안고 볼을 비비고
토닥이기를 수없이 반복하며
감동에 휩싸여 핑 도는 감사의 눈물

하나님이 우리 희민이를 정말정말 사랑하시는구나
이렇게 지혜를 주셨구나
건강한 몸, 건전한 마음, 성령을 부어주셨구나
우리 희민이가 이렇게 성실하고
선생님과 친구들에게도 인정받고 사랑을 받다니
아빠는 너무너무 기쁘고 흐뭇하구나

기특하고 대견한 우리 아들
눈에 넣고 감격에 벅찬 아비

딸 바보

> 학부모님, 안녕하십니까? 시은이는 예의 바르고 긍정적인 태도로 학교생활을 하며, 수업에 열심히 참여하고 자신감을 가지고 의견을 발표하는 모습이 인상적입니다. 사교성이 좋고 다른 사람을 이해하는 폭이 넓어 다양한 친구들과 원만한 관계를 유지하고 있습니다. 또한 모둠활동에 자발적이고 적극적으로 참여하며 학습에 대한 내적 동기가 강해 꾸준히 노력하는 태도가 몸에 배어 있습니다. 수업시간에 집중을 잘하며 성취동기가 높고…(하략)

우리 딸 시은이 생활통지표
구구절절 칭찬에 자자구구 탄성연발

예의 바르다고?
그렇지 그래야 칭찬받고 더 사랑받고 존중받지

긍정적이라고?
그거 아주 중요하고 아주아주 좋은 거지
긍정적인 사람이 행복한 삶을 살 수 있거든

〉
자신감을 가지고 의견을 발표하는 모습이 인상적이라고?
자신있게 자기 생각을 발표하는 거
꼭 필요한 자세지 그래야 의사소통을 분명하고
잘할 수 있지
이거 우리 시은이 발표 잘한다고 선생님한테
강한 인상을 심어줬구만 아주 잘했어

사교성이 좋고 이해의 폭이 넓다?
야~ 우리 시은이 마음이 넓고 그릇이 크다는 얘기네
게다가 다양한 친구들과 원만한 관계유지?
역시 우리 시은이는 인성이 갑, 최고야~
앞으로는 인성이 제일 중요한 시대가 될 건데
이거이거 우리 시은이는 사람들에게
사랑받고 존경받는 인물이 될 게 분명하네
시은이 앞길이 훤하네 그려
성경에도 화평케 하는 자는

하나님의 아들이라 일컬음을 받는다고 했지?

자발적이고 적극적이다?
내적 동기가 강한 데다가 꾸준히 노력한다?
트라이엄프네 트라이엄프
승리, 승리자라고 했지?
트라이―엄프. 훙, 다시 한번 해보자
포기하지 않고 다시 도전하는 게 승리이고
그런 사람이 승리자라고 했지?
우리 시은이가 꾸준히 노력하는 게 몸에 배어 있다니
승리는 따논 당상이네
그야말로 아주 장래가 촉망되는 학생이구만

야~, 집중을 잘한다?
이거 정말 좋은 자세지
이거는 아무나 할 수 있는 게 아니야
공부든 뭐든 그냥 오래 붙들고 앉아 있다고만 되는 게

아냐
  집중! 해야 되는 거지. 그게 중요한 거야
  집중력. 집중을 잘한다니 우리 시은이는
  지혜로워질 수밖에 없는 거야

  성취동기가 높다?
  오~ 발전가능성이 아주아주 높다는 거네?
  집중도 잘하는데 꾸준히 노력도 하니
  우리 시은이는 안 될 일―이 없네
  하는 일마다 잘 될 수밖에 없네
  뭐든 승리할 수밖에 없네
  야~ 이거 뭐 거기다가 인성도 좋고 긍정적이니까
  우리 시은이는 행복하게 살 수밖에 없네
  아주 행복해질 수밖에 없어
  이만저만한 축복이 아니네 그려
  이거 이거 대단하네 우리 시은이

불씨

아빠는 꿈이 뭐예요?
천진발랄 부푼 꿈이 가득한 우리 딸
응? 아빠는…….
궁색하게 찾아낸 말
좋은 아빠가 되는 거
아니, 그런 거 말고 꿈이 뭐예요오.
응? 음…….
머릿속은 뿌연 안갯속
내 꿈은 무엇인가 아니,
무엇이었는가
언제부터인가 꿈꾸지 않게 된 나
휑해진 가슴이 시름시름 시들어간다
불 꺼진 화로
지난날 나를 불태웠던 나를 밝혀주었던
식어버린 재 무덤을 뒤적거리며
세월을 헤집어
타다 남은 숯덩이 속에 살아남은

불씨를 수색한다

요리하는 즐거움

십여년을 경영하되
대출 전세 근검 자선
처자식이 부러워하나
외식은 남일이더니
때마침 방학 맞아
허생이 책을 덮듯
서당개 걷어차고
부엌칼 선뜻 들어
사십여년 라면 신공
변화무쌍 펼쳐내자
아이들 환호하고
아내는 빙긋빙긋
파스타 리조또
탄탄면 치즈라볶이
멘보샤 어향육사
마파두부 경장육사
어묵탕에 해물파전

갈비찜에 오므라이스
연포탕 뼈해장국
샌드위치 들깨강정
삼겹살 찹스테이크
군만두에 짜장떡볶이
아이들 입맛 따라
그날그날 요리하여
평일에는 단품메뉴
명절에는 세트메뉴
까치설날 모인 친족
이십인분 차려내니
일가가 즐겨 먹고
둘러앉자 화기애애
쾌재라,
가화만사성이
쉐프 보람 아닐쏘냐

꿈꾸는 나무들
― 나의 기쁨, 나의 소망

달이 두 개 별이 두 개
보물 싣고 날아가는
양탄자 탄 신드밧드
포도송이 주렁주렁
달나라로 날아가고
두 마리 아기 토끼
아작아작 당근 먹는
보라빛 꽃밭에서
눈사람이 씽긋쌩긋
아빠, 나는 커서
우주비행사 될 거예요
악당들을 물리치는
경찰특공대 될 거예요
그거 좋지 그거 좋아
아빠 나는, 디자이너
그리고 피아니스트
그거 정말 아주 좋지

그 사이 지글지글
먹음직한 콤비 피자
전셋방 창 밖으로
별을 향한 우주왕복선
꿈을 싣고 카운트다운

건반 위의 꽃게

1.
울릉도 동남쪽*
스타카토 썸머**
여리고 고운 손
건반 위의 꽃게춤
아들아
칸타빌레로
아름답게 정겹게

2.
도시도시 까치발로
닿고 싶은 한 옥타브
우리 아들 조그만 손
무럭무럭 커가는 꿈
아빠
이거 보세요

눈 감고도 잘 치지요?

*정광태, 〈독도는 우리땅〉
**히사이시 조, 〈summer〉

행복을 파는 가게

사춘기 딸은 외식을 원한다
나름 각국의 미식을 즐기므로
아내는 외식을 원한다
설거지가 귀찮아서
어린 아들도 외식을 원한다
그래야 엄마가 좋아하므로
온 가족이 맛집 앞에 줄을 선다
일용할 양식이 도무지 없는 메뉴판
주문을 하고 돈을 지불하니
우리 앞에 차려진
일회용 평화

fresh

봄햇살에 솜사탕처럼
아지랑이 피어나는 캠퍼스
새들의 지저귐처럼
계단과 복도를 오가며 재잘대며
교정 가득
움트는 새싹

가장 아름다운

道
말해질 수 없는 신비가
可道
말로 표현된다면
非常道
불변의 진리가 아니니

神이 날 위해 인간으로 죽음은
不可思議
헤아릴 수 없어
說到底
결국
不可能說道
말할 수 없는
太初
태초의
말씀
道

약한 자의 슬픔

回	安안		(회안)	안회는 어찌하여
	貧빈	賤	(빈천)	천하고 가난했는가
	樂낙	天	(낙천)	인생과 세상일 희망적으로 생각했다 함은
僞	道도		(위도)	진실 아니리

상한 갈대

미호천변 천진난만한 소년 시절 갈대는
심심풀이 장난감이었을 뿐
궁싯궁싯 로댕 닮은 문청 시절 갈대란
철학의 은유였을 뿐
진정 깨닫지 못했네
상한 갈대도 꺾지 않았단 말을

지천명 가로질러 이순의 문턱
불의의 폭설처럼 습격당한 계엄 이후
대설, 동지, 소한, 대한 다 지나고
을사년의 입춘마저 열흘이나 지난 오늘
다시금 들이닥친 대설주의보
들판을 덮친 눈 뒤집어쓴 갈대습지
갑천을 따라 걷다 발견한 갈대무리들
지난 여름 홍수에 휩쓸려 눕고
오늘 폭설의 중압에 눌려 눕고
지금 칼바람에 떨며

이리저리 쓰러지고 눕기를 반복하는 갈대무리 속에
흔들리며 서 있는 늙은 누이와 형과 조카들
그 곁에서 희미하게 어른어른
흔들리며 쓰러지듯 갈지자로 걸어가는 낯익은 모습
쓰러지고 꺾인 갈대, 늙은 누이들과 칠순 형들
그 곁에서 나 역시 흔들리는 갈대

고라니 한 쌍이 놀라 달아나며 휘저은 갈대밭
꺾이고 쓰러져 바람에
흐느적거리는 갈대들
윤통을 뽑아놓고 계엄 당한 갈대들
그 흔들림과 어리석음을 미워했던 나
갑천 갈대습지를 걷다가
비로소 깨달았네
그가 왜 상한 갈대도 꺾지 않았는지를

이제 내가 사는 것은*

새벽 어둠 가르며 부활한 태양
물결에 부딪쳐 빛으로 부서지다
파랗게 번진
하늘빛 꿈처럼 돋아나는 새 움

경이에 찬
눈동자로 반짝이는 바램

이제
기꺼이
함께 걷고 싶은
갈릴리 해변
주저했지만
걸어가야 할
골고타 산 길

*갈라디아서 2:20. 내가 그리스도와 함께 십자가에 못 박혔나니 그런즉 이제는 내가 사는 것이 아니요 오직 내 안에 그리스도께서 사시는 것이라 이제 내가 육체 가운데 사는 것은 나를 사랑하사 나를 위하여 자기 자신을 버리신 하나님의 아들을 믿는 믿음 안에서 사는 것이라

유한

인간은 유독
계절을 타는 동물

그러기에 어리석고
그러기에 슬픈

회억 속에만 살아있는 영상을 간직한 채
세월의 흐름과
그 덧없음에서 이는
아득한 회한의 전류와 자장을
감지할 수 있는

부름 받아 나선 이 몸*

깊은 골 인적 없는 무명 계곡
말 없는 바위

허리를 감싸는 여울의 노래
시원한 바람 홍진을 씻어
지게꾼 나무꾼 쉼을 얻고
옛적 현자 도를 깨달아
지자는 생의 뿌리 캐었지

하지만 내겐 이름도 빛도 없어
언제나 말없이
산영에 잠겨

*찬송가 323장.

인간의 시간

강가에서 놀다가 집으로
돌아가는 길 내내 나를 안고 가시는
아버지 어깨에 턱을 얹어 기댄 채
멀어져가는 모래성을 바라본다
아버지가 걸음을 옮길 때마다
모래성은 점점 작아지다
강둑에 이르자
너른 백사장 한 귀퉁이의 작은 혹이 된다

강둑을 따라 가는 동안
내 눈 앞에 없던 다른 풍경들이 계속해서
내 뒤로부터 나를 스쳐서
눈 앞에 나타나 펼쳐진다
새로이 나타나는 풍경들은
내 앞에 있는 모래성과 백사장과 강줄기와 억새풀밭에
갈마들어 어우러지면서 끊임없이
새로운 풍경을 만들어낸다

〉
저 앞에 동일목장에서 얼룩소들이 놀고 있구나
아버지 음성을 들은 후 얼마쯤 지나자
동일목장이 내 눈에 나타나고
얼룩 젖소들도 나타난다

오래지 않아 동일목장도
과수원과 논이며 밭과 함께 들판 한가운데서
노을 지는 하늘 아래 풍경의 일부가 되어
가물거린다

이제 거의 다 왔다. 우리 집이 보인다
말씀하며 걸을 때도 내 눈 앞에는
노을이 지는 들판이 보일 뿐

시시각각 변화하는 노을 진 들판 풍경을
보고 있노라니 아버지가 대문을 열고

우리 집 안마당에 들어서는데
그제야 비로소 내 눈 앞에
우리 집 대문이 나타나
새로운 풍경의 일부가 된다

마당에 내린 나는 아버지의 손을 잡고
함께 잔치자리 들어간다
해맑은 천국
새로운 풍경의 시작

부활

미루나무 길까치가
이사 채비하는
새 아침
빛처럼
나의 동굴에
스미는
새소리

해 지는 겨울 들판에 서서

餞 | 送 송 | | (전송) | 떠나보내노니
　 | 舊 구 | 殼 | (구각) | 낡고 해묵은 껍데기여
接 | 迎 영 | | (접영) | 반겨 맞으리라
　 | 新 신 | 約 | (신약) | 새 언약을

여정 다하면

기어이

다시 만나리

내 아버지 집에서

그날에

　　　　　　　　　　　잔치에 참예하리

	錦 금	繡
天	衣 의	
	還 환	元
歸	鄕 향	

　　(금수)　　비단에 수를 놓은

　　(천의)　　하늘 옷 입고

　　(환원)　　되돌이켜

　　(귀향)　　본향으로 돌아가

해설

일상 속의 성화(聖化)

조해옥(문학평론가)

1. 성서적 사유와 자기 성찰

신태수 시인은 그동안 『풀벌레 풀울음』(2021)과 공동시집 『불빛 순례자』(2023)를 출간하였다. 시인의 의욕적인 창작 활동의 결과인 새 시집 『가장 아름다운』(2025)은 그의 세 번째 시집이다. 세 권의 시집을 관통하고 있는 시 의식은 성서적 사유와 자기 성찰 의식이라고 말할 수 있다. 「공중의 새를 보라」(『풀벌레 풀울음』)에서 시의 화자는 성서 속의 말씀처럼, 그가 일상에 만나는 자연물에서 하나님의 자애로움을 감각적으로 인식한다.

죽음으로써

생명의 싹 틔우고

스스로의 진액으로

새싹 피워내는

한 알의 밀알

불멸의 유전자

예수가 사는

나

―「싹 난 무우」부분(『불빛 순례자』)

위 시의 화자는 우리의 구원을 위해 수난과 희생의 시간을 감내하신 예수님의 모습을 "싹 난 무우"에서 발견한다. 시간이 지날수록 무는 점점 쪼그라들고, 새싹은 무의 진액을 양분으로 삼아 피어난다. 이 같은 무와 새싹의 외형적 대조는 예수님의 희생을 바탕으로 삼아 새로운 생명을 얻게 된 존재들을 비유적으로 드러내고 있다. 화자는 자신 역시 예수님의 희생으로 피어나게 된 새싹임을 깨닫는다. 그는 일상 속 사물들에서 존재의 근원이며 바탕이신 예수님을 생생하게 인식하는 것이다.

신태수 시인은 새 시집 『가장 아름다운』에서 성서적 사유를 통한 자기 성찰 의식을 지속시키고 있는데, 시 의식의 형상화라는 점에서 완결성을 확보해 내고 있다. 새 시집의 시적 인식은 크게 세 가지로 나뉜다.

첫째, 시적 자아가 만나는 일상들에서 성서적 사유를 펼치는 작품들로, 「느릿느릿한 순례길」, 「-ㅁ/음」, 「성도의 삶」, 「흔들림」, 「물들임」, 「굶주림」, 「신들림」, 「디스크 파열」 등이 있다.

둘째, 시인의 시적 자아가 인간의 고통 속에서 하나님의 신성(神性)을 발견하기도 하고, 사랑의 모습 속에서 신성(神性)을 체험하는 시편들이 있다. 전자에 해당하는 작품들로는 「세월호」, 「엘리야의 증언」, 「주구와 나팔수」, 「심판」, 「불사르다」, 「광장에서」 등이 있다. 후자에 해당하는 작품은 「빵」, 「의를 위하여」, 「건반 위의 꽃게」, 「딸바보」, 「수줍음」, 「가보」, 「일어서는 봄에게」 등이다. 이들 작품은 사랑이 넘치는 새로운 세상을 향한 시인의 희망과 꿈을 담고 있다.

셋째, '가장 아름다운' 존재인 신과 시적 자아가 서정적으로 조응하는 시편들이 있다. 「가장 아름다운」, 「속삭임」, 「놀라운 주의 섭리」, 「눈물」, 「고로쇠」, 「하늘 사다리」, 「그날에」, 「상한 갈대」, 「인간의 시간」 등이 여기에 해당한다.

새 시집 『가장 아름다운』에서 시인의 시적 자아는 기도

하며 한 걸음씩 나아가는 순례길로 우리 삶을 이해하고 있다. 그의 시적 자아가 지향하는 삶의 모습은 "황야 같이 메마른/이 땅을 물들이도록/이 땅이 거룩해지도록"(「느릿느릿한 순례(巡禮)길」)에 잘 나타나 있다. 순례길을 떠나는 이들의 궁극적인 목적은 개인의 신앙적 성취에 그치지 않고 자신들의 기도로써 "이 땅"을 거룩하게 변화시키는 데 있다. "이 땅"의 거룩한 변화는 각 개인들이 세상을 받치는 한 개의 밑돌이 될 때 비로소 시작될 것이다.

신태수 시인은 예수님을 따르는 성도로서의 삶을 "굶주림/멋들임/흔들림/신들림/물: 들임"(「성도의 삶」) 등으로 세밀하게 나누어 제시한다. "인생은 흔들리며/벧세메스로 가는/소달구지"(「흔들림」)에서처럼, 벧세메스를 향해 가는 암소는 '흔들림' 속에서도 하나님께 곧장 나아가는 '순종'을 상징한다. 여기에서 '흔들림'은 세상의 유혹 앞에 선자의 위태로움을 드러내는 것이기도 하지만, 역설적으로 그를 하나님 앞으로 이끄는 힘이기도 하다.

시인은 성도가 가질 태도의 하나로 '신들림'을 제시한다. "신께서 인간과 함께하신/임마누엘의 복음이라/그 복음은/'가난한 자에게/마음이 상한 자에게/포로된 자에게 자유를/갇힌 자에게 놓임을 선포하는/빛의 소리,/신명이거늘"(「신들림」)에서처럼, 신들림이란 성령이 '내 안에' 계심을 내가 자각하는 순간을 뜻한다. 복음의 참된 의미를 깨닫고, 복음을 실천하는 데 내가 참여할 때, 임마누엘의 복음은 성령으로써 내게 생생하게 체험되는 것이다.

  시인은 성도가 가지는 삶의 태도를 "태초를 여신/그 빛을 닮은"(「물들임」) '물들임'으로 말하기도 하는데, 세상 만물을 골고루 비추고 물들이는 빛은 예수님을 따르는 성도로, 시인의 시적 자아가 지향하는 삶이다.

  성도로서 가지는 또 하나의 삶의 모습은 '굶주림'이다. "예수의 길에는 돌/사탄의 길엔 떡/돌을 돌로 남아있게 한 기적/주림은/구도자의 기적"(「굶주림」)에서 잘 나타나 있듯이 진정한 성도는 신념을 위하여 '주림'과 '갈증'을 감내하는 모습을 지니고 있다. 시의 화자는 '굶주림' 속에서도 굴하지 않으셨던 예수님에 비추어 예수님과 전혀 다른 자기 자신을 부끄러워한다. 이는 성도의 삶에서 어긋나는 것이기 때문이다.

  성도의 삶에 대한 시인의 시적 성찰은 그 자신의 신앙심에 대한 자기 성찰로 이어진다. 그는 불평과 원망, 각진 마음으로 쉽게 무너져버리는 신앙심을 디스크 파열에 비유하여 "파열된 신앙"(「디스크 파열」)으로 표현한다. 기회만 만나면 파열되고 마는 허약한 신앙심에 신랄한 자기 비판인 것이다.

2. 고통과 사랑에서 현현하는 신성(神性)

신태수 시인이 경험하는 세상의 모습은 카인의 욕망에 의해 무고한 아벨들이 피를 흘리는 곳이다. 세상은 부모에게서 기쁨과 설렘을 주던 자녀들을 한순간에 빼앗아가버리는 곳이다. 세상은 "기쁨 충만한 노래였는데/부를수록/벅차오르는 기대로 설레었는데/세상천지/단 하나/손바닥에 새긴 이름"(「세월호」)이 되고만 현실 앞에서 자식을 잃은 부모들이 절규하는 곳이며, "앉은뱅이 주술사 이세벨과 장님 무사 아합의 칼부림"(「엘리야의 증언」)이 난무하는 곳이다. 신태수 시인은 「주구와 나팔수」,「심판」 등에서도 하나님의 나라와는 전혀 상반되는 현실을 풍자한다.

이 같은 시인의 현실 비판 정신은 시의 기존 문법을 깨뜨리는 형식과 결합하면서 더욱 빛을 발한다. 시인은 「불사르다」에서 사진을 차용하여 부도덕과 어둠이 지배하는 세상에 항거하는 시민들을 이미지화시켜서 밝은 횃불처럼 들어올린다. 시민들은 "불사르는 세상의 빛"(「불사르다」)이 된다. "광장 밝힌 불망치로 다시 만나야 할 세계"(「광장에서」)를 꿈꾸며, 소녀시대의 〈소원을 말해 봐〉를 부르는 시민들의 노래가 폭설을 뚫고 밝게 타오른다. "손바닥에 새긴 이름"(「세월호」)처럼, 세월호의 부모들이 자녀들을 가슴에 새겨 넣었듯이, 하나님은 우리를 고통 속에 버려두지 않으신다는 시인의 믿음이 그의 작품들에서 생생하게 드러난다.

  내가 먹으면 그저 빵
  그러나
  굶주린 이에게 내어줄 때 그건
  이미 빵이 아니다

  빵 한 조각으로 장 발장은
  레 미제라블이 되고
  내 손에 든 빵은
  가난한 이에게 향하여
  신께 드리는 거룩한 성례
  거룩한 정성
  聖心

                              —「빵」부분

위의 시에서 '빵'은 허기를 면하게 해 주는 양식의 의미를 넘어서 "신께 드리는 거룩한 성례", 즉 하나님께 봉헌하는 거룩한 행위의 의미를 함축하고 있다. 대전의 유명한

빵집인 '성심당'은 굶주린 이들을 위해서도 빵을 나누는 곳으로 이름이 난 곳이다. '성심(聖心)'이라는 말에는 백성을 위해 희생하신 그리스도의 사랑이 담겨 있다. 성심당이 주린 이들에게 빵을 나누는 것은 가난한 이들을 사랑하신 그리스도의 마음을 실천하는 것이다. 위의 시는 사랑의 실천이 가지는 힘을 잘 보여준다. 그리스도의 사랑이 성서 안에 머물지 않고 이행(履行)될 때, 비로소 세상은 사랑으로 물들게 될 것이다.

　버린 자
　버림받은 자

　남겨진 자
　남은 자

　소망,
　그들이

　오직

　　　　　　　　　　　　　　－「의를 위하여」 전문

위 시에 쓰인 '버리다'와 '남다'라는 동사에는 서로 대응하는 존재들이 있다. '버린'과 '버려진'은 각각 버리는 행위의 주체와 객체로 나뉜다. 마찬가지로 '남겨진'과 '남은' 역시 행위의 객체와 주체로 구분된다. 이들이 주체와 객체로 나뉠 때, 그 경계가 되는 것은 "의를 위하여"라는 지향이다. "의를 위하여" '버리다'와 '남다'의 주체가 되기도 하고, 객체가 되기도 하는 것이다. 의로움을 위해서, 즉 의로운 신념에 따라 행동의 주체 혹은 객체가 되는 것이다. 그리스도가 제자들에게 가지고 있는 모든 것을 버리고 자신을 따르라고 말씀하셨던 것처럼, 또 베드로가 모든 것을 버리고 그리스도를 따르겠다고 선언한 것처럼, '의', 곧 정의로움을 이곳에 실천하려면 '나'는 속된 세상에서 "버림받은 자"가 될 수밖에 없다. 또한 소중한 것을 버린 자가 되어야만 한다. '나'의 소중한 것들이 내게서 모두 떠나버릴 때, '나'는 '의' 곁에 남은 자가 되는 것이다.

　시인의 새 시집에는 부성애를 담은 시편들이 있다.「건반 위의 꽃게」에서 자녀를 향한 아버지의 애정과「딸바보」에서 딸이 "사랑받고 존경받는" 사람으로 자라기를 바라는 아버지의 순수한 바람과「일어서는 봄에게」에서 야훼의 축복이 아들의 미래를 항상 비추기를 바라는 아버지의 희망과 「가보」에서 아들에게서 하나님의 사랑을 발견하는 아버지의 시선에는 신성함이 깃들어 있다.

3. '가장 아름다운' 존재와의 서정적 조응

　신태수 시인의 새 시집에서 신과 시인의 시적 자아의 서정적 조응을 보여주는 시편들이 인상적이다. 신은 구원자이면서 동시에 유한한 인간에게 무한한 연민과 자애로 보살피는 존재이다. 시인의 시적 자아는 일상 속에서 구원자이면서 자애로운 신을 체험한다. 신(神)을 인식하는 시적 자아의 사유 과정을 보여주는 시 「가장 아름다운」에서 신은 "가장 아름다운"(「가장 아름다운」) 존재이다. 그가 신을 "가장 아름다운" 존재로 인식하는 것은 그리스도가 인간을 위해 "인간으로 죽음"을 받아들였다는 데서 기인한다.

　가시관을 둘렀다
　창으로 옆구리를 찔렀다
　가시 끝으로
　창자루 끝으로
　흐르는 성혈
　치유의 성수

한 방울 남김없이
쏟아 주었다
무도히도 찌른
나를 위해

-「고로쇠」 전문

  위의 시에서 수액을 화자에게 남은 한 방울까지 내어주는 고로쇠나무는 그리스도의 희생을 비유적으로 드러낸다. 시적 화자에게 자연물은 주님의 형상이며 비유로 인식된다. 시의 화자는 자연물과 일상에서 희생이 그리스도 구원의 본질이라는 깨달음을 얻는다.

눈물을 흘리며
눈물을 흘리게 하고
눈물을 삼키며
눈물을 마르게 하나니
다 마르지 않은 눈물은
인자한 손에 씻겨지리라

-「눈물」 부분

눈물은 슬픔의 감정을 표현하는 것이기도 하지만, 물의

속성을 지닌 생명성을 상징하기도 한다. 그렇기 때문에 화자의 눈물은 그의 슬픔과 고난뿐만 아니라 이를 극복해 나가는 화자의 심적 변화를 함축하고 있다. 그러나 화자인 나의 노력만으로 눈물이 마르지 않을 때, 자애로운 주님에 대한 나의 믿음이 나를 슬픔에서 벗어날 수 있게 할 것이다.

지금 칼바람에 떨며
이리저리 쓰러지고 눕기를 반복하는 갈대무리 속에
흔들리며 서 있는 늙은 누이와 형과 조카들
그 곁에서 희미하게 어른어른
흔들리며 쓰러지듯 갈지자로 걸어가는 낯익은 모습
쓰러지고 꺾인 갈대, 늙은 누이들과 칠순 형들
그 곁에서 나 역시 흔들리는 갈대

고라니 한 쌍이 놀라 달아나며 휘저은 갈대밭
꺾이고 쓰러져 바람에
흐느적거리는 갈대들
윤통을 뽑아놓고 계엄 당한 갈대들
그 흔들림과 어리석음을 미워했던 나
갑천 갈대습지를 걷다가
비로소 깨달았네

그가 왜 상한 갈대도 꺾지 않았는지를

―「상한 갈대」부분

　위의 시는 "상한 갈대를 꺾지 아니하며 꺼져가는 등불도 끄지 아니하시는 하나님"이라는 마태오 복음을 차용하여 자비로우신 하나님을 노래한 작품이다. 유한한 존재인 인간은 쇠락의 시간을 겪는다. 또한 폭력적인 현실 앞에서 좌절감과 무력함에 빠지는 나약한 존재이다. "늙은 누이와 칠순 형들", 그리고 화자 자신 역시 유한한 시간을 살고 있는 존재들이다. 이러한 인간의 모습은 마치 "상한 갈대"와도 같다. 그러나 시의 화자는 세상의 세찬 바람 앞에 선 상한 갈대와 같은 인간을 신은 꺾지 않으심을 체험한다. 우리가 "상한 갈대"에 지나지 않을지라도 신은 우리를 내버려두지 않으신다는 영적 깨달음이 그를 무력감으로부터 벗어나도록 이끈다.

　강가에서 놀다가 집으로
　돌아가는 길 내내 나를 안고 가시는
　아버지 어깨에 턱을 얹어 기댄 채
　멀어져가는 모래성을 바라본다
　아버지가 걸음을 옮길 때마다

모래성은 점점 작아지다

강둑에 이르자

너른 백사장 한 귀퉁이의 작은 혹이 된다

(중략)

마당에 내린 나는 아버지의 손을 잡고

함께 잔치자리 들어간다

해맑은 천국

새로운 풍경의 시작

— 「인간의 시간」 부분

  위 시는 어린 화자가 아버지에게 안겨 집에 당도하는 과정을 담고 있다. 아버지의 시선은 집을 향해 있지만, 화자의 시선은 놀이터였던 강가를 향해 있다. 아버지와 함께 가고 있는 '우리 집'은 정반대 방향인 두 사람의 시선이 합쳐지는 장소이다. 화자가 집으로 가는 길은 어린아이인 그가 어른이 되어가는 여정처럼 보인다. 반면에 아버지는 생을 다 마치고 '천국'을 향해 걸어가는 것처럼 보인다. 그러나 각자 다르게 흐르는 생의 시간을 지나서 두 사람은 "함께 잔치자리 들어간다/해맑은 천국/새로운 풍경"을 맞을 것이다. 어린아이였던 화자도 언젠가는 아버지처럼 "해맑은 천국"의 시간 앞에 당도할 것이기 때문이다. 화자와 아버지의 생의 시간이라고도 볼 수 있는 "인간의 시간"은 영원한 시간이 흐르는 천국을 향한 여정의 한 부분일 뿐이다. 「인간의 시간」은 영원한 시간에 대한 시인의 영성적 성찰이 명료하게 드러나는 작품이다.

  신태수 시인은 예각의 시선으로 자연과 일상에서 주님의 섭리를 발견해 낸다. 이 같은 발견은 그로 하여금 성스러움을 체험하며, 그를 높고 깊은 내적 성찰에 이르게 한다. 시인의 새 시집 『가장 아름다운』은 신과의 서정적 조응을 그려낸 작품들로 가득하다. 시인은 인간으로서 겪는 고통과 흔들림 속에서 역설적으로 주님의 연민과 사랑을 깨닫는 존재, 인간의 구원을 위해 희생하신 그리스도를 인간의 언어로써 성스러움의 체험을 고백하고, 이로써 세상을 물들이고자 하는 존재를 새 시집에서 형상화하고 있다.

심지시선 052

가장 아름다운

2025년 2월 28일 초판 1쇄 발행

지은이 신태수
펴낸이 윤영진
기획편집 함순례
홍 보 한천규
펴낸곳 도서출판 심지
등록 제 2003-000014호
주소 34570 대전광역시 동구 대전천북로 12
전화 042 635 9942
팩스 042 635 9941
전자우편 simji42@hanmail.net
ⓒ신태수 2025
ISBN 978-89-6627-266-2 03810

* 저자와의 협의에 의해 인지를 생략합니다.
* 이 책 내용의 전부 또는 일부를 재사용하려면 저자와 심지 양측의
  동의를 받아야 합니다.